BEI GRIN MACHT SICH IHR WISSEN BEZAHLT

Erstellung eines Trainingsplanes auf Grundlage der allgemeinen und biometrischen Daten zur Fitnesssteigerung. Makro- und Mesozyklusplanung

GRIN☺

Bibliografische Information der Deutschen Nationalbibliothek:

Die Deutsche Nationalbibliothek verzeichnet diese Publikation in der Deutschen Nationalbibliografie; detaillierte bibliografische Daten sind im Internet über http://dnb.d-nb.de abrufbar.

ISBN: 9783346522504
Dieses Buch ist auch als E-Book erhältlich.

Druck und Bindung: Books on Demand GmbH, Norderstedt Germany
Gedruckt auf säurefreiem Papier aus verantwortungsvollen Quellen

Das vorliegende Werk wurde sorgfältig erarbeitet. Dennoch übernehmen Autoren und Verlag für die Richtigkeit von Angaben, Hinweisen, Links und Ratschlägen sowie eventuelle Druckfehler keine Haftung.

Das Buch bei GRIN: https://www.grin.com/document/1143596

Deutsche Hochschule für

Prävention und Gesundheitsmanagement

Hermann Neuberger Sportschule 3

66123 Saarbrücken

Einsendeaufgabe

Fachmodul:	Trainingslehre I
Studiengang:	Fitnessökonomie
Datum **Präsenzphase:**	26.02 – 01.03
Studienort:	**Leipzig**
Semester:	**1. Semester**

Inhaltsverzeichnis

Lösung Aufgabe 1

1.Lösung Teilaufgabe

1.1 Allgemeine und biometrische Daten

Tab. 1 Allgemeine Daten der Testperson A

Testperson	A
Alter	22 Jahre
Geschlecht	männlich
Trainingsmotive	Verbesserung Muskelaufbau, Kraftausdauer, allgemeine Fitness und Rückentraining
Berufliche Tätigkeit	Dualer Student
frühere sportliche Aktivität	3x pro Woche Fußball mit mittlerem Leistungsniveau
aktuelle sportliche Aktivität	Sommerliche Aktivität im Jahr mit niedrigen Leistungsniveau Fußball, Volleyball Unregelmäßige Aktivität mit niedrigen Leistungsniveau Joggen
Zeitaufwand	4-6 Stunden pro Woche
Gesundheitszu-stand	Leichte Rückenschmerzen im Brustwirbelsäulenbereich

Tab. 2 Biometrische Daten der Testperson A

	Ist-Daten	Norm-Daten
Körpergewicht in kg	75	-
Körpergröße in cm	180	-
Body-Maß-Index	23,14	18,5-24,9 (Normalgewicht)
Blutdruck	125 / 80 mmHG	<130-139 mmHg / 85-89mmHg (Normal)
Ruheherzfrequenz	72 Schläge pro Minute	60-80 Schläge / Minute Ruhepuls (Normal)

Die Testperson A ist ein 22-jähriger dualer Student mit früheren Ballsporterfahrungen im mittleren Leistungsniveau. Durch das Studium kann er 4-6 Stunden Sport pro Woche investieren. Diese nutzt er in der Sommerzeit in unregelmäßigen Abständen auch dafür seinem Freizeitsport Fußball und Volleyball nachzugehen. Beim Eingangsgespräch wurde festgestellt, dass die Testperson nach langem Sitzen leichte Schmerzen im Bereich der Brustwirbelsäule verspürt. Weitere internistische oder orthopädische Probleme liegen nicht vor. Eine Medikation ist ebenso nicht vorhanden. Während des Gesprächs wurde der Body-Maß-Index, Blutdruck und die Ruheherzfrequenz ermittelt. Die Ergebnisse liegen im positiven Rahmen, aber sie sind dennoch ausbaufähig. Der Blutdruck liegt bei 125/80 mmHg und ist somit im normalen Bereich. Durch ein gezieltes Krafttraining ist ein Wert von <120/80 mmHg erreichbar. Die Tagesherzfrequenz liegt bei 80 Schlägen/Minute. Die Ruheherzfrequenz liegt 5-10 Schläge unter der Tagesfrequenz. Die Ruheherzfrequenz wurde mit 8 Schlägen/Minute gemittelt und die Tagesherzfrequenz um den Wert 8 verringert. Das Ergebnis sind 72 Schläge/Minute. Dieser Ist-Wert liegt im normalen Bereich. Durch ein adäquates Krafttraining ist ein Wert von 60-65 Schlägen/Minute erreichbar. Aus diesen Daten resultieren keine Einschränkungen auf die Trainierbarkeit der Person.

1.2. Begründung des Testverfahrens

Durch das geringe Trainingsalter des Probanden, wurde eine Intensitätsbestimmung nach dem X-RM-Krafttest und ein subjektives Belastungsempfinden gewählt. Grundlegend wurde die Variante des Kraftestes bestimmt, um Risiken, wie einer mechanischen und psychischen Überlastung des Sportlers, durch Verletzungen der Sehnen und Bänder, oder einer Demotivation zu vermeiden (Eifler C., Studienbrief Trainingslehre I, S.124).

1.2.1 Beschreibung des Testablaufes

Der Test wurde an einem Montag, um 18.00 Uhr nach der Arbeit des Studenten durchgeführt. Zur Vorbereitung auf den Test zur Intensitätsbestimmung unter Berücksichtigung der sportlichen Aktivität der Testperson A wurde eine Aufwärmzeit von 10 Minuten auf dem Laufband gewählt. Dieser X-RM-Test soll aufzeigen, wie hoch das Trainingsgewicht sein muss, um 15 - 20 Wiederholungen einer Kraftübung in 3 Sätzen technisch sauber zu bewältigen. Die Pause zwischen den Sätzen betrug stets 1 Minute. Bei der Übung Beinpresse, sitzend horizontal wurden bei einem Testgewicht von 52 Kilogramm im 1. Satz 20 Wiederholungen, im 2. Satz 18 Wiederholungen und im 3. Satz 15 Wiederholungen dokumentiert. Bei der Übung Rudern, sitzend horizontal wurde ein Gewicht von 25 Kilogramm erprobt. Daraus resultierten im 1. Satz 20 Wiederholungen, im 2. Satz 19 Wiederholungen und im 3. Satz 16 Wiederholungen. Um nicht nur den oberen Rücken, sondern auch den unteren Rücken im Bereich der Lendenwirbelsäule zu stärken wurde die Übung Rückenstrecker eingefügt. Beim 1. Satz wurden 40 Kilogramm eingestellt. Die Testperson A bewältigte dieses Gewicht im 1. Satz mit 20 Wiederholungen, im 2. Satz mit 17 Wiederholungen und im 3. Satz mit 15 Wiederholungen. Bei der 4. Übung Brustpresse, horizontal wurde wie beim Rückentest ein Testgewicht von 25 Kilogramm gewählt. Beim 1. Satz wurden 18 Wiederholungen, im 2. Satz 15 Wiederholungen und im 3. Satz 11 Wiederholungen erzielt. Daraus resultiert, dass die Gewichtseinstufung zu hoch war. Es wurde eine Reduktion um 7 Kilogramm auf 18 Kilogramm vorgenommen. Im erneuten Test wurde eine Wiederholungsrate von 20,18,15 erzielt. Bei der nächsten Übung Butterfly reverse, sitzend wurde ein Testgewicht von 10 Kilogramm gewählt. Im 1. Satz erreichte die Testperson 20 Wiederholungen, im 2. Satz 18 Wiederholungen und im 3. Satz 16 Wiederholungen. Bei der Bizepsmaschine erfolgte eine Gewichtung von 14 Kilogramm und einer Abfolge von 20,18,15 Wiederholungen. Bei der Trizepsmaschine stellte man ein Probegewicht von 9 Kilogramm ein. Die Testperson erzielte in den darauffolgenden Sätzen 20,17,15 Wiederholungen. Als letztes Trainingsgerät wurde die Bauchmaschine gewählt. Das Gewicht betrug 35 Kilogramm. Der Proband bewältigte in den folgenden Sätzen 20,17,15 Wiederholungen. Die adäquaten Gewichte je Übung empfand der Kunde als mittelschwer und wurden als geeignetes Trainingsgewicht bestimmt.

1.2.2 Tabelle X-RM-Krafttest

Tab. 3 X-RM-Krafttest nach subjektiven Belastungsempfinden

Trainingsgerät	Wiederholung	Sätze	Intensität nach subjektivem Belastungsempfinden
Beinpresse sitzend horizontal	20	1.	
	18	2.	Mittelschwer
	15	3.	
Rudern sitzend horizontal ,	20	1.	
	19	2.	Mittelschwer
	16	3.	
Rückenstrecker	20	1.	
	18	2.	Mittelschwer
	15	3.	
Brustpresse sitzend horizontal	20	1.	
	18	2.	Mittelschwer
	15	3.	
Reverse butterfly reverse	20	1.	
	19	2.	Mittelschwer
	16	3.	
Bizepsmaschine	20	1.	
	18	2.	Mittelschwer
	15	3.	
Trizepsmaschine	20	1.	
	17	2.	Mittelschwer
	15	3.	
Bauchmaschine	20	1.	
	17	2.	Mittelschwer
	15	3.	

1.2.3 Schlussfolgerungen für Trainingssteuerung

Aus diesen Testergebnissen lässt sich ableiten, dass bei der Testperson verschiedene Muskeldysbalancen, z.B. Brust/Rücken und Bizeps/Trizeps existieren. Diese Differenzen sind an den unterschiedlichen Trainingsgewichten der entsprechenden Übungen erkennbar. Daher ist eine Intensitätsanpassung während des Trainingsverlaufes ratsam, um weitere Stärkedifferenzen zu vermeiden. Das bedeutet, dass die Testperson ihre stärkere Muskulatur solange auf diesem Intensitätsniveau trainieren muss bis die schwächere Muskulatur das gleiche Kraftniveau aufweist. Zum Erlernen einer sauberen Übungstechnik und der Vermeidung von physischen Überlastungen bleiben wir bei einem 6-8 - wöchigen Kraftausdauertraining als ersten Mesozyklus. Bezüglich des interindividuellen Leistungsvergleiches existieren aufgrund der vielen Störgrößen keine Referenz-bzw. Normwerte. Beim intraindividuellen Leistungsvergleich kann dieser Ansatz der Krafttestung als Vergleichswert dienlich sein, wenn der X-RM-Krafttest nach dem subjektiven Belastungsempfinden wieder am Montag, um 18.00 Uhr nach der Arbeit des Studenten stattfindet. Die Trainingsintensität wird durch den X-RM-Test in dem jeweiligen Mesozyklus bestimmt. Somit wird ein adäquates Trainingsgewicht für die Trainingsmethode abgeleitet (Eifler C. Studienbrief Trainingslehre I, S. 128).

2. Lösung Aufgabe 2

Tab. 4 Zielstellung der Testperson A

Ziele	Inhalt	Ausmaß	Zeit
Linderung Rücken-beschwerden	Muskelaufbau	3-4 Kilogramm	8 Monaten
Mehr Energie für den Alltag	Energiesteigerung	Subjektiv bestimmbar	8 Monaten
Ökonomisierung der Herzarbeit	Senkung Ruhepuls	12 Schläge/Minute	6-8 Monaten

Die Linderung der Rückenbeschwerden ist das wichtigste Ziel meines Kunden. Ein effektiver Muskelaufbau ist aber nur gewährleistet, wenn das Herz effizient arbeitet. Daher muss die Ökonomisierung der Herzarbeit höher priorisiert werden. Der Normwert des Ruhepulses eines Menschen liegt bei 60-80 Schlägen pro Minute (Eifler, Studienbrief Medizinische Grundlagen, S. 188). Wie man aus den biometrischen Daten ablesen kann, ist die Testperson im mittleren Bereich des Ruhepulses. Ein Kraftausdauertraining als ersten Mesozyklus ist demzufolge ratsam, um die Leistungsfähigkeit des Herzens zu erhöhen. Das bedeutet, dass das Herz sich den Belastungen anpasst, an Schlagvolumen zunimmt und die Herzfrequenz sinkt (Eifler, Studienbrief Medizinische Grundlagen, S. 204). Die Folge ist eine höhere Blutauswurfmenge in den Körperkreislauf und eine bessere Nährstoffversorgung der Skelettmuskulatur (Eifler, Tab. 30, Studienbrief Medizinische Grundlagen, S.179), Beim Beginner reicht ein Kraftausdauertraining anfangs aus, um einen geringfügigen Muskel- und Kraftaufbau, sowie Gewichtsreduktion zu erreichen (Eifler, Tab. 28 Studienbrief Trainingslehre I, S. 168). Eine Kraftsteigerung beruht auf der Rekrutierung von motorischen Einheiten während des Trainings. Es werden mehr Nervenfasern aktiviert, die entsprechende Muskelfasern ansteuern und verbessern somit die Kontraktion der Muskelfasern (Zatsiorsky, 1996, S.98).

3. Lösung Aufgabe 3

Tab. 5 Makrozyklus mit einer linearen Periodisierung für einen Beginner mit dem Schwerpunkt auf dem Ziel Muskelaufbau

Makrozyklus				
	1. Mesozyklus	2. Mesozyklus	3. Mesozyklus	4. Mesozyklus
Trainingsmethoden	Kraftausdauer	Übergangstraining	Muskelaufbau (extensiv)	Muskelaufbau (intensiv)
Dauer Mesozyklus	6-8 Wochen	6-8 Wochen	6-8 Wochen	6-8 Wochen
Einheiten pro Woche	2-3	2-3	2-3	2-3
Organisationsform	GK / Station	GK / Station	GK / Station	GK / Station
Anzahl Sätze	3	3	3	3
Anzahl Übungen pro Muskelgruppe	1-2	1-2	1-2	1-2
Wiederholungen	15-20	12-15	8-12	6-8
Satzpausen	1 Minute	1 Minute	1 Minute	1 Minute
Intensität (subjektives Empfinden)	mittelschwer	mittelschwer	mittelschwer	mittelschwer
Belastungsdauer	2-0-2	2-0-2	2-0-2	2-0-2

3.1 Begründung der Trainingsmethoden

Die lineare Periodisierung besteht aus 4 Mesozyklen und zielt auf einen Muskelaufbau ab. Das Maximalkrafttraining wurde in diesem Makrozyklus bewusst nicht eingefügt, weil das Trainingsalter der Testperson zu jung ist. Der Makrozyklus beginnt mit der Kraftausdauerphase, um die Testperson A an trainingsinduzierte Belastungen zu gewöhnen. Je Zyklus steigt die Intensität sukzessiv an, während die Wiederholungszahl sinkt (Stone MH, O´Bryant H, Schilling BK, Johnson RL, Pierce KC, Haff GG, Koch AJ, 1999). Durch den stetigen Belastungsanstieg adaptieren Gelenkstrukturen und Skelettmuskulatur ohne Gefahr einer Verletzung oder physiologischen Überbelastung.

3.2 Begründung der Belastungsparameter

Der Proband ist in einem zeitaufwendigen dualen Studium. Im Eingangsgespräch wurde eine Zeit von 4-6 Stunden für Sport ermittelt. Daher ist ausschließlich eine Trainingshäufigkeit an 2-3 Tagen à 4-6 Stunden möglich. Je nach Größe, Beanspruchung und Lage werden die Muskelgruppen an einem Trainingstag 1-2-mal beansprucht.

Die Testperson A trainiert mit 3 Sätzen pro Übung, da die Intensität beim X-RM-Test über das subjektive Belastungsempfinden auf 3 Sätze ausgerichtet ist.

3.3 Begründung der Organisationsform

In diesem Makrozyklus wird ein kontinuierlicher Ganzkörperplan, aufgrund des niedrigen Trainingsalters festgelegt. Ein Split-Plan kann nicht in den Makrozyklus eingebaut werden, da die Testperson A mindestens 4-mal pro Woche in das Fitnessstudio kommen müsste, um 2-mal pro Woche den ganzen Körper zu trainieren. Da der zeitliche Rahmen jedoch maximal 6 Stunden die Woche umfasst, bleibt das Ganzkörpertraining als einzige Möglichkeit. Spezifisch betrachtet gibt es eine weitere Klassifizierung der Organisationsform. Das Kreistraining und Stationstraining. In diesem Fall wurde ein kontinuierliches Stationstraining gewählt. Der Vorteil an dieser Trainingsart liegt in der Muskelermüdung des Probanden.

3.4 Begründung der Periodisierung

Laut Matwejew LP. (1981) sollen durch zeitliche Periodisierungen der Trainingsmetho-
den, Leistungsstagnationen und ein Übertraining vermieden werden. Durch sukzessiv
steigende Intensitäten pro Zyklus sollen Kraftzuwächse generiert werden.

Das eine Blockperiodisierung beim Individualsportler zu höheren Effekten des Krafttrainings führt, belegt auch eine Studie von Hartmann et al. (2008).

Die Zeitdauer im Makrozyklus variiert zwischen 4 und 6 Wochen. Wenn die Testperson
aufgrund zu schneller Anpassungserscheinungen der Muskulatur stagniert, erfolgt ein
früherer Wechsel zum nächsten Mesozyklus. Wenn diese Anpassung nicht geschieht,
werden 6 Wochen ausgenutzt.

4 Lösung Aufgabe 4

Tab. 6 Mesozyklus für Muskelaufbau extensiv

Trainingsmetho-de	Muskelaufbau extensiv	Art der Übung	Kraftübungen	Arbeitsmuskulatur
Dauer	6-8 Wochen	Mehrgelenkige Übung Maschine	Beinpresse	M. quadriceps femoris M. glutaeus maximus M. biceps femoris caput longum M. semitendinosus M. semimembranosus
Einheiten pro Woche	2-3	Mehrgelenkige Übung Maschine	Rudern sit-zend	M. latissimus dorsi M. teres mayor M. trapezius pars transversa Mm. Rhomboidei M. deltoideus pars spinata M. biceps brachii M. brachialis M. brachioradialis
Organisations-form	GK / Station	Mehrgelenkige Übung Maschine	Brustpresse	M. pectoralis mayor M. deltoideus pars acromialis M. deltoideus pars acromialis M. triceps brachii

				M. deltoideus pars clavicularis
Anzahl Sätze	3	Mehrgelenkige Übung Maschine	Schulterpresse	M. deltoideus pars clavicularis M. deltoideus pars acromialis M. triceps brachii
Anzahl Übungen pro Muskelgruppe	1-2	Eingelenkige Übung Freie Übung	Kurzhantel Curls (Untergriff) sitzend	M. biceps brachii M. brachialis M. brachioradialis
Wiederholungen	8-12	Eingelenkige Übung Freie Übung	Trizepsdrücken beim Kabelzug am Polster	M. triceps brachii
Satzpausen	1 Minute	Eingelenkige Übung Freie Übung	Rückenstrecker	Mm. erector spinae
Intensität (subjektives Empfinden)	Schwer	Eingelenkige Übung Freie Übung	Crunch gerade (dynamisch)	M. rectus abdominis M. obliquus externus abdominis M. internus abdominis M. transversus abdominis
Belastungsdauer	2-0-2			

Durch die vorherigen Mesozyklen Kraftausdauer und Übergangstraining konnte eine solide physiologische Grundlage für ein zielgerichtetes Muskelaufbautraining geschaffen werden. Neben der ökonomisierten Herzarbeit wurde auch die Rückenmuskulatur gestärkt und linderte somit die Rückenschmerzen der Testperson. Wie vor jedem Mesozyklus wird auch hier wieder ein X-RM-Krafttest durchgeführt und mit einer Intensitätsbestimmung nach dem subjektiven Belastungsempfinden ermittelt. Die adäquaten Gewichte wurden in den Trainingsplan übernommen, wenn die Testperson A die Bewältigung der Wiederholungen als schwer betrachtet hat.

4.1 Begründung der Trainingshäufigkeit

Laut (Wirth, 2004, S.9) liegt die optimale Trainingshäufigkeit für eine Hypertrophie im Muskel bei 2-3 Tagen/Woche. Ein einmaliges Training pro Woche liefert keine zufriedenstellenden Ergebnisse. Eine Trainingseinheit pro Woche scheidet demzufolge aus. Dieses Resultat belegt ebenso eine Studie von McLester, Bishop, Guilliams, (2000, S.

273-281). Darin wird beschrieben, dass ein einmaliges Training pro Woche ausscheidet, da die Beanspruchung für die Homöostase zu gering ist, um adäquate morphologische Adaptionen zu erreichen. Es dient nur dem Leistungserhalt. Ein 5-6-maliges Training ist hingegen eine zu hohe Beanspruchung, da die Erholungsfähigkeit beim Anfänger nicht stark genug ausgeprägt ist. Daraus ergibt sich der Zyklus aus 2-3 Tagen Training pro Woche. Sobald sich die Muskulatur von Testperson A an die intensiveren Belastungen gewöhnt hat, kann er zu 3 Trainingseinheiten pro Woche übergehen, um weitere Adaptionen zu erzeugen.

4.2 Begründung mehrgelenkiger- vor eingelenkiger Übungen.

In diesem Trainingsplan wird eine Abfolge von mehrgelenkigen zu eingelenkigen Übungen empfohlen. Durch mehrgelenkige Übungen muss der Proband eine höhere Körperstabilität und Koordination aufbringen, weil verschiedene Muskelgruppen gefordert werden. Um diese Koordination nicht zu beeinträchtigen, darf keine Vorbelastung der einzelnen Muskelgruppen vorhanden sein. Das Ziel der Testperson A ist eine Erhöhung der Muskelmasse. Durch Mikrotraumata in den Typ II – Muskelfasern wird dieses Ziel schneller erreicht. Diese Art von Fasern besitzen ein höheres Potenzial zur Hypertrophie. Hauptsächlich sind diese weißen Muskelfasern in den großen Muskelgruppen enthalten. Die Spannung der Muskeln wird effizient genutzt, indem eine Belastungszeit von 2 Sekunden konzentrischer Bewegung und 2 Sekunde exzentrischer Bewegung ausgeführt wird. Eine Pause zwischen konzentrischer und exzentrischer Ausführung ist nicht vorgesehen. Die Satzpausen betragen 60 Sekunden. Diese Zeitspanne reicht aus, um die anaeroben laktaziden Glykogenspeicher wieder zu füllen.

4.3 Begründung des Maschinentrainings und des freien Trainings.

Die mehrgelenkigen Übungen werden mit der Maschine ausgeführt. Durch das geringe Trainingsalter ist eine Ausführung an der Maschine bei koordinativ anspruchsvolleren Übungen ratsam, damit die Bewegungsausführung weiter gefestigt wird. Bei den eingelenkigen Übungen wurde eine freie Variante verwendet. Jedoch in einer abgeschwächten Stabilitätsform. So wird die Übung Kurzhantelcurls sitzend ausgeführt, damit Testperson A, ohne viel Stabilität aufbringen zu müssen, in einer sauberen Übungsausführung eingewiesen wird. Dasselbe gilt für das Trizepsdrücken beim Kabelzug stehend am Polster. Die Testperson stellt sich mit dem Rücken an ein Polster und winkelt die Knie-gelenke leicht an, um einer Überstreckung der Lendenwirbelsäule vorzubeugen. Dabei steht die Testperson nicht komplett frei, aber kann die Übung sicher und effizient aus-führen. Die autochthone Rückenmuskulatur wird durch eine freies Hyperextensionsge-rät trainiert. Durch eine korrekte Übungseinweisung verringert sich das Fehlerpotenzial auf ein Minimum. Die letzte freie Übung sind die geraden Crunches in dynamischer Ausführung. Hier wird nur das Hüftgelenk bewegt. Der Proband legt sich mit dem Rü-cken auf die Matte und stabilisiert sich durch seitlich positionierte Arme. Bei korrekter Übungseinweisung sind Bewegungsfehler ebenso ausgeschlossen.

4.4 Begründung der Übungen im Mesozyklus

Da der Proband in seinem dualen Studium auch eine gewisse Zeit sitzt, ist die Stärkung des Rückens durch Übungen, wie sitzendes Rudern und Rückenstrecker vorteilhaft. Durch die trainierte Rückenmuskulatur verbessert sich die Körperhaltung, der Gang des Menschen wird gerader und man strahlt im Alltag mehr Selbstbewusstsein aus.
Um die Stärkebalance in den oberen Extremitäten aufrecht zu erhalten, wurde der große Brustmuskel durch die Übung Brustpresse sitzend gestärkt. Durch starke Brust- und Armmuskeln fällt es einem leichter vom Boden wieder aufzustehen. Die Stärkung der Schulter-und Armmuskulatur, durch die Schulterpresse und Trizepsziehen am Kabel-zug, ist im Alltag hilfreich, wenn man schwere Gegenstände vertikal nach oben drücken muss. Der gerade Crunch verbessert die Rumpfmuskulatur und beugt den Lendenwir-belbereich. Diese Beugung verbessert den geraden Rücken und beugt Schmerzen vor.

5   Lösung Aufgabe 5

Tab. 7 Literaturrecherche: Studien Krafttraining bei Low Back Syndrom

	Effekte maschinengestützten Krafttrainings in der Behandlung von chronischen Rückenschmerzen.	Krafttraining bei chronisch lumbalen Rückenschmerzen. Ergebnisse einer Längsschnittstudie.
Wer hat die Studie durchgeführt?	1. Frau Stephan A. 2. Herr Goebel 3. Herr Prof. Dr. Schmidtbleicher	1. Herr Stephan A. 2. Herr Freiwald J. 3. Herr Goebel S.
In welchem Jahr wurde die Studie durchgeführt?	Die Studie wurde im Jahr 2009 in einem Zeitraum von April - Oktober durchgeführt.	Die Studie wurde im Jahr 2005 durchgeführt.
Mit welchen Versuchspersonen wurde die Studie durchgeführt?	Die Studie wurde mit Personen unterschiedlichen Gesundheitszustandes durchgeführt. Die Probanden müssen seit mehr, als 12 Monaten unter Rückenschmerzen leiden. Der Arzt muss sein Einverständnis für ein Krafttraining geben (Stephan, Goebel, Schmidtbleicher, Deutsche Zeitschrift für Sportmedizin, 2011).	Die Studie wurde mit 128 chronischen Rückenschmerzpatienten durchgeführt. Bei diesen Probanden musste seit mindestens 6 Monaten Rückenschmerzen vorhanden sein, die mit einer 1-wöchigen Arbeitsunfähigkeit begleitet wurden (Stephan, Freiwald, Goebel, Deutsche Zeitschrift für Sportmedizin, 2011).
Wie sah der Versuchsaufbau aus?	Der Versuchszeitraum betrug 6 Monate. Die Studie fand multizentrisch statt. Datenerhebungen erfolgten zu Trainingsbeginn, nach 3 und 6 Monaten. In allen Einrichtungen befanden sich identische Trainingsgeräte; Trainingsprogramme und Belastungsnormativa wurden nach verbindlichen Regeln erstellt. Die Trainingsgruppe absolvierte ein progressives hypertrophieorientiertes Krafttraining. Bei jedem 10. Und 20 Training wurden Trainingskontrollen und ggf. Anpassungen vorgenommen. Die Kontrollgruppe erhielt während des Interventionszeitraumes keine	Es wurde vor dem Medizinischem Kräftigungstraining (MKT) (T0) und nach der Behandlung (T2) eine Datenerhebung zur Bewertung durchgeführt. Zum einen bei der MKT-Gruppe. Zum anderen bei der Kontrollgruppe, die die übliche ärztliche und physiotherapeutische Behandlung bekamen, ohne spezielles Krafttraining oder systematische Interventionen (Stephan, Freiwald, Goebel, Deutsche Zeitschrift für

	Trainingsmaßnahmen. Messverfahren: Durchführung der Maximalkraftmessung der Lumbalextensoren. (Stephan, Goebel, Schmidtbleicher, Deutsche Zeitschrift für Sportmedizin, 2011)	Sportmedizin, 2011).
Welche relevanten Ergebnisse und Schlussfolgerungen lieferten die Studien?	Am Ende der Intervention waren 20 Probanden der Trainingsgruppe schmerzfrei. In der Kontrollgruppe wurden 6 schmerzfrei. Keiner dieser schmerzfreien Probanden bekam eine Medikation während der Interventionszeit. (Stephan, Goebel, Schmidtbleicher, Deutsche Zeitschrift für Sportmedizin, 2011) **Intensität des Rückenschmerzes:** Bei gering-moderaten Eingangsschmerz galt eine Veränderung von 30 %. Die Trainingsgruppe erreicht dieses Kriterium nach 3 Monaten, die Kontrollgruppe nach 6 Monaten. **Fazit:** Ein selbstständiges Ganzkörpertraining mit einer Trainingsfrequenz von 6-mal im Monat eignet sich für Personen mit chronischen Rückenschmerzen im Anfangsstadium, um das Schmerzniveau zu senken, das Beeinträchtigungserlebnis zu senken, körperliche Inaktivität zu überwinden und Kraft aufzubauen. (Stephan, Goebel, Schmidtbleicher, Deutsche Zeitschrift für Sportmedizin, 2011)	**Subjektive Gesundheit:** In der körperlichen Rollenfunktion, körperlichen Schmerzen, Vitalität und soziale Funktionsfähigkeit konnten signifikante Verbesserungen in der MKT-Gruppe erzielt werden. Dies betraf jedoch nicht die Kontrollgruppe. Bei der MKT-Gruppe verbesserte sich der Gesundheitszustand bei 20% viel besser, 33% etwas besser, 37% etwa gleich und 9% fühlten sich etwas schlechter. In der Kontrollgruppe blieb der Gesundheitszustand bei 55% gleich, verbesserte sich bei 21% und verschlechterte sich bei 24%. Bei der MKT-Gruppe verbesserte sich die Funktionskapazität des Rückens. Bei der Kontrollgruppe blieb die Funktionskapazität gleich (Stephan, Freiwald, Goebel, Deutsche Zeitschrift für Sportmedizin, 2011). **Einschätzungen Rückenschmerz:** Die Häufigkeit von Tagen mit Rückenschmerzen reduzierte sich signifikant. Bei der Kontrollgruppe kam es zu keinen vergleichbaren Veränderungen (Stephan,

		Freiwald, Goebel, Deutsche Zeitschrift für Sportmedizin, 2011).
		Einschätzung der Arbeits-fähigkeit
		In der MKT-Gruppe erhöhte sich der Anteil der Arbeitsfähigkeit und in der Kontrollgruppe verringerte sich der Anteil signifikant (Stephan, Freiwald, Goebel, Deutsche Zeitschrift für Sportmedizin, 2011).

6   Literaturverzeichnis

Eifler, Tab. 28 *Studienbrief Trainingslehre I*, S. 168, Saarbrücken (2017)

Eifler, Tab. 30, *Studienbrief Medizinische Grundlagen*, S.179, Saarbrücken (2017)

Eifler C. *Studienbrief Trainingslehre I*, S. 124, Saarbrücken (2017)

Eifler C. *Studienbrief Trainingslehre I*, S. 128, Saarbrücken (2017)

Eifler, *Studienbrief Medizinische Grundlagen*, S. 188, Saarbrücken (2017)

Eifler, *Studienbrief Medizinische Grundlagen*, S. 204, Saarbrücken (2017)

Eifler, Tab. 30, *Studienbrief Medizinische Grundlagen*, Saarbrücken (2017)

Hartmann H, Bob A, Wirth K, Schmidtbleicher D: *Auswirkungen unterschiedlicher Periodisierungsmodelle im Krafttraining auf das Schnellkraft- und Explosivkraftverhalten der oberen Extremität.* Philippka Sportverlag. Leistungssport 38 (2008) 3, S. 17-22.

Matwejew LP: *Grundlagen des sportlichen Trainings.* Sportverlag, Berlin, 1981

McLester JR, Bishop JP, Guilliams ME: *Comparison if 1 day and 3 days per week of equal-volume resistance training in experienced subjects.* J Strength & Condition Journal 14 (2000) S. 273-281.

Stone MH, O´Bryant H, Schilling BK, Johnson RL, Pierce KC, Haff GG, Koch AJ, *Periodization: Effects of manipulating volume and intensity.* Part 1. Strength & Condition Journal J 21 (1999) S. 56-62.

Wirth K.: *Trainingshäufigkeit beim Hypertrophietraining.* Unveröffentlichte Doktorarbeit, Johann Wolfgang Goethe - Universität, Frankfurt/Main, 2004

Zatsiorsky, Vladimir M. *Krafttraining, Praxis und Wissenschaft*, 1996

Stephan A, Goebbel, Schmidtbleicher (2011): Effekte maschinengestützten Krafttrainings in der Behandlung von chronischen Rückenschmerzen. *Deutsche Zeitschrift für Sportmedizin*, 62 (3)

Stephan A, Freiwald J, Goebel S (2005): Krafttraining bei chronisch lumbalen Rückenschmerzen. Ergebnisse einer Längsschnittstudie. *Deutsche Zeitschrift für Sportmedizin*, 56 (11)

7 Abbildungs- und Tabellenverzeichnis

7.1 Tabellenverzeichnis